DOCTORA Juguetes

CW01652711

Con las manos en los arándanos

De Sheila Sweeny Higginson

Basado en el episodio escrito por Kent Redeker

Basado en la serie creada por Chris Nee

Ilustrado por Alan Batson

© de esta edición: Editorial Planeta, S. A., 2013
Avda. Diagonal, 662-664, 08034 Barcelona (España)
www.planetadelibrosinfantilyjuvenil.com
www.planetadelibros.com
Primera edición: septiembre de 2013
ISBN: 978-84-9951-490-1
Depósito legal: B. 7.624-2013
Impreso por Egedsa
Impreso en España – Printed in Spain

LIBROS Disney

Donny quería enseñar a Doc el dibujo que había hecho.

—Adivina lo que es, Doc —dijo a su hermana.

Doc miró el dibujo.

No sabía lo que era.

—¡Es un elefante azul comiendo arándanos!

—exclamó Donny.

Donny fue a enseñárselo a su mamá.

El estetoscopio de Doc comenzó a brillar.

¡Sus juguetes cobraron vida por arte de magia! Querían saludarla.

 Lanitas saltó, dio un abrazo a  Doc y le dijo:

—¡Es muy agradable volver a verte!

El muñeco de Donny también quería saludarla. Tiene seis manos.

—¡Hola, Doc! —dijo el muñeco de Donny.

—¡Hola, Glo-Bo! —dijo Doc.

 Chillón saltó y chocó los cuatro dedos de  Glo-Bo.

—¿Qué andas chillando, amigo? —preguntó  Glo-Bo.

Glo-Bo tocó a la chica surfista en la espalda.

—¿Cómo se surfea? —preguntó.

—¡Así! —dijo la chica surfista.

Luego,  Glo-Bo jugó con  Volquete,
el camión amarillo. Después, dio
a  Tiritón un gran abrazo de oso.
¡Lo apretó demasiado!

Más tarde, Glo-Bo corrió
hacia la mesa de dibujar.

—Creo que me ha roto un hueso —dijo Tiritón. Doc rió. ¡Los muñecos de nieve no tienen huesos!

Tiritón no tenía un hueso roto.
Pero algo no iba bien. ¡Tenía manchas!

—Tiritón, te toca un chequeo.
¡Haré que te sientas mejor!
—dijo Doc.

Doc miró la boca de Tiritón.
Comprobó si sus ojos estaban bien.
Y escuchó su corazón.

Usó un  para tomarle la temperatura.
termómetro
Y dijo:

—No tienes fiebre, . Eso es bueno.
Tiritón

—Tengo el diagnóstico —dijo Doc—.
Tiritón tiene puntos azules en la espalda.
Es un tipo de viruela misteriosa.

—¿Viruela misteriosa? —exclamó  Tiritón —. ¡No sé lo que es!

—Nadie lo sabe —dijo  Doc —. Por eso es un misterio.

Paqui entró en la consulta de Doc con más pacientes.

Chillón tenía puntos azules.

Volquete y la chica surfista también los tenían.

—Es horrible —dijo Tiritón. Se agarró la cabeza y se desmayó.

 Paqui sujetó a  Tiritón. Y ahora también  Paqui tenía puntos azules.

¡ Doc ya sabía cómo se extendía la viruela misteriosa!

Lanitas quería abrazar a Tiritón.

—¡No abraces a Tiritón! —dijo Doc—. ¡Te contagiarás!

—¿Por qué? —preguntó Lanitas.

 Doc explicó a  Lanitas por qué no podía dar abrazos. La viruela se extendía. Era como los virus que enferman a las personas.

Doc tenía que encontrar al primero
que había tenido la viruela misteriosa.

 se contagió después de tocar a .

Paqui

Tiritón

—Tiritón, ¿quién más te ha tocado?
—preguntó Doc.

 Tiritón recordó algo.

—¡ Glo-Bo me dio un gran abrazo! —dijo.

—¡Glo-Bo me dio en la espalda! —dijo Volquete.

—¡A mí también! —añadió la chica surfista.

—¡Eso es! —dijo Doc.

Y se apresuró a buscar a Glo-Bo.

Doc encontró a Glo-Bo.
Iba a dar un abrazo a Osito.
—¡Espera! —gritó Doc—. Creo que estás
extendiendo una viruela misteriosa.

Doc miró detenidamente a Glo-Bo.
No estaba enfermo. ¡Pero tenía mucha pintura azul en las manos!

—¡No es una viruela misteriosa!
—dijo Doc—. ¡Es pintura de las manos
de Glo-Bo!
—¡Ufff! —suspiró Tiritón.
Todos volvieron a la consulta de Doc.

¡Comenzó la fiesta de lavarse!

Doc lavó a Glo-Bo, a Tiritón y a Chillón.

Después limpió a Volquete, a la chica surfista y a Paqui.

¡Se acabó la viruela misteriosa!

Doc tiene una pregunta para ti:

—¿Te has lavado las manos hoy?